ຂອງຂວັນ

ຂຽນໂດຍ: ສາຍຫ້ອຍຕອຍ
ຮູບໂດຍ: ເດັບເຊອ ດາຍ ໂກລໂດວິຊາ

Library For All Ltd.

ຂອງຂັບ

ຈັດພິມຄັ້ງທຳອິດໃນປີ 2019. ແປ ແລະ ຈັດພິມໃນ ສປປ ລາວ ປີ 2019.

ຈັດພິມໂດຍ: ອົງການ Library For All
ອີເມວ: info@libraryforall.org
URL: libraryforall.org

ປຶ້ມພາສາລາວເຫຼັ້ມນີ້ ຖຶກສະໜັບສະໜູນໂດຍການຮ່ວມມືຂອງ

ຮູບແຕ້ມຕົ້ນສະບັບໂດຍ ເດັບເຊອ ດາຍ ໂກລໂດວິຊາ

ຂອງຂັບ
ສາຍຫ້ອຍຕອຍ
ISBN: 978-9932-09-075-4
SKU00871

ຕົ້ນເຊື້ອທ້າວຄຳແສນ
ຟ້າວໄຂທໍ່ຂອງຂວັນ.

ຂອງຂວັນສິແດງ ມີຕຸພະຕາໜິ.

ຂອງຂັບສີຟ້າໆ ມີອ່າວໃທຍ່.

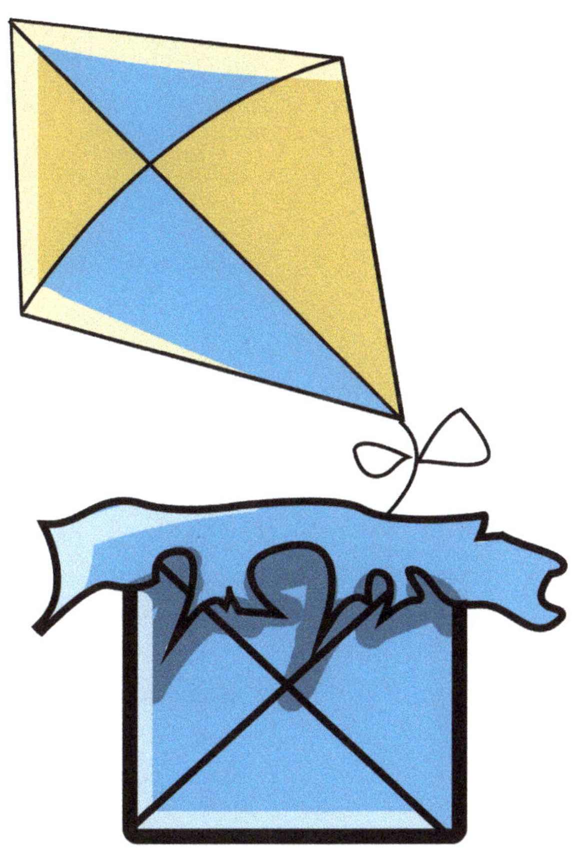

ຂອງຂັນສິ່ງ່ວ ມີລິດເກ່ງບ້ອຍ.

ຂອງຂວັນສິເຫຼື້ອງ ມີສໍສິທຸາຍສິ.

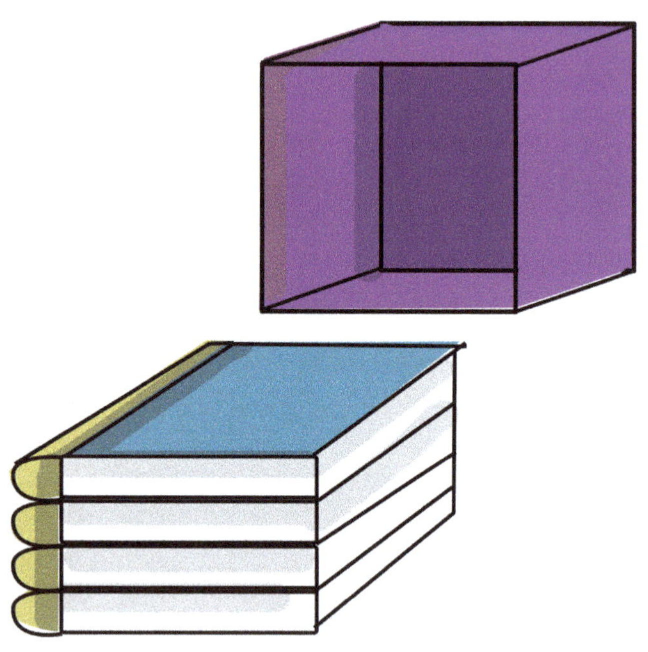

ຂອງຂວັນສົມ່ອງ ມີປຶ້ມມີທານ.

ຂອງຂວັນທີ່ສຸດທ້າຍສີສົ້ມ
ມີໝາກບານ.

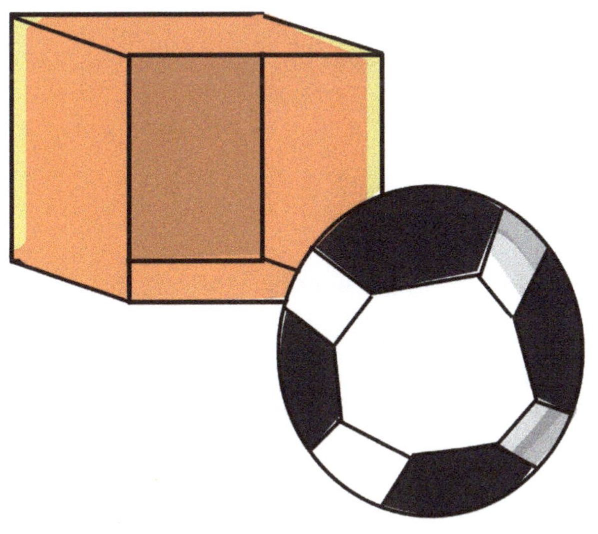

ຄຳແສບ ອູ້ມໝາກບາບລິງເຣົ້ອນ.

ລາວແລ່ນໄປຫາໝູ່
ຢູ່ເດີ່ນແຄມບ້ານ.

ຄຳແສນເຕະບານ
ກັບໝູ່ຢ່າງມ່ວນຊື່ນ.

ຂໍ້ມູນທາງບັນນາບຸກົມຂອງຫໍສະໝຸດແຫ່ງຊາດ

ສາຍຫ້ອຍຕອຍ

ຂອງຂວັນ 3 / ໂດຍ ສາຍຫ້ອຍຕອຍ. -- ວຽງຈັນ : ມັກອ່ານ, 2020

25 ໜ້າ : ພາບປະກອບສີ ; 29 ຊມ
1.   ວັນນະກໍາສໍາລັບເດັກ
I.   ຊື່ເລື່ອງ

808.899282 -- dc21
    ISBN 978-9932-09-075-4
    ເລກທະບຽນພິມຈໍາໜ່າຍ: ຕາມທບ 158 ພຈ 23032020

ກ່ຽວກັບຜູ້ຂຽນ

ອົງການ Library For All ເຮັດວຽກຮ່ວມກັບນັກຂຽນ ແລະ
ນັກແຕ້ມຈາກທົ່ວໂລກ ເພື່ອສ້າງນິທານທີ່ມີຄຸນນະພາບ,
ທຸກາກຫຼາຍ ແລະ ເໝາະສົມກັບເດັກນ້ອຍແຕ່ລະໄວ.
ເຊີນເຂົ້າເບິ່ງເວັບໄຊ Libraryforall.org
ສຳລັບຂ່າວສານທ່າສຸດ ກ່ຽວກັບການຝຶກອົບຮົມ ແລະ
ໂອກາດຕ່າງໆສຳລັບນັກຂຽນ.

ທ່ານມັກປຶ້ມເຫຼັ້ມນີ້ບໍ່?

ທ່ານສາມາດອ່ານປຶ້ມແບບນີ້ໄດ້ເພີ່ມເຕີມ
ທີ່ຜະລິດໂດຍອົງການ Library For All

ອົງການ Library For All ຜະລິດສື່ການອ່ານ ທີ່ມີຄຸນນະພາບ
ເໝາະສົມກັບວັດທະນະທຳເພື່ອການສຶກສາ ໂດຍນຳໃຊ້ນະວັດຕະ
ກຳແຫັບພິເຄຊັ້ນທ້ອງສະໝຸດແບບອົນບຸກ. ພວກເຮົາເຮັດວຽກຮ່ວມ
ກັບນັກຂຽນໃນທ້ອງຖິ່ນ, ຄູອາຈານ, ທີ່ປຶກສາດ້ານວັດທະນະທຳ,
ລັດຖະບານ ແລະ ອົງການຈັດຕັ້ງທີ່ບໍ່ຂຶ້ນກັບລັດຖະບານ
ເພື່ອມອບຄວາມສຸກຂອງການອ່ານໃຫ້ແກ່ເດັກນ້ອຍ ທຸກໆແຫ່ງ.

ມາອ່ານນຳກັບເຮາະ!
libraryforall.org